# So lebt der Löwenzahn

Weitere Bände aus der Reihe **So lebt . . .**
So lebt der Frosch
So lebt die Biene
So lebt der Pinguin
So lebt der Schmetterling

Titel: So lebt der Löwenzahn
Verfasser: Paula Z. Hogan · Herbert Oetzmann
Übersetzung aus dem Englischen: Herbert Oetzmann
Illustration: Yoshi Miyake
Originaltitel: The Life Cycle of the Dandelion
ISBN 0-8172-1250-7
Copyright: © 1979, Raintree Publishers Inc. and
Raintree Publishers International Limited.

ISBN 3-494-01004-8

Paula Z. Hogan · Herbert Oetzmann

# So lebt der Löwenzahn

Gezeichnet von Yoshi Miyake

Quelle & Meyer Heidelberg

 # Der Löwenzahn

Im Frühling und im Sommer
kannst Du den Löwenzahn an
sonnigen Plätzen finden. Vor allem
auf Wiesen und im Garten auf dem
Rasen. Du erkennst ihn leicht an
seiner schönen gelben Blüte.

Jeden Morgen öffnet sich die
Blüte. Und am Nachmittag,
bevor die Sonne untergeht, schließt
sie sich wieder. Sieh Dir eine Blüte
genau an. Sie besteht aus vielen
kleinen Blüten.

Bunte Schmetterlinge und Bienen
besuchen die Blüte. Der süß duftende
Blütensaft lockt sie an. Er ist
ihre Nahrung.

Bei ihrem Besuch bringen die
Schmetterlinge und Bienen
Blütenstaub von anderen Blüten
mit. Er klebt an der Blütennarbe
fest. Danach wächst in jeder kleinen
Blüte ein Samen heran.
Wie geschieht das?

Zuerst verwelkt die ganze Blüte.
Die gelben Blütenblätter fallen ab.
Danach decken kleine grüne Blätter
den Rest der Blüte mit den Samen
fest zu.

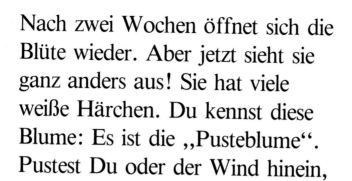

Nach zwei Wochen öffnet sich die Blüte wieder. Aber jetzt sieht sie ganz anders aus! Sie hat viele weiße Härchen. Du kennst diese Blume: Es ist die „Pusteblume". Pustest Du oder der Wind hinein, dann fliegen die feinen Haare fort.

Die Haare sind ganz leicht. Daher
können sie weit fliegen. Aber
irgendwo landen sie wieder. Auf
der Erde, im Wasser oder auf Steinen.
Manche Haare werden, bevor sie
fortfliegen, von Vögeln gefressen.

Hier siehst Du ein Haar stark
vergrößert. Oben trägt es einen Kranz
aus kleinen Härchen. Unten ist es
dicker. Dort sitzt ein Samen.
Aus diesem Samen wird ein neuer
Löwenzahn. Aber nur, wenn der
Samen auf der Erde gelandet ist.
Zuerst fallen dann die Härchen ab.
Danach ziehen kleine Haken den
Samen in die Erde.

Nach ein paar Tagen kommt ein feiner Stengel aus der Erde. An seiner Spitze sitzen zwei kleine Blätter. Bald wachsen am Stengel viele große Blätter. Sie stehen in einem Kreis dicht über der Erde.

Dann entstehen mitten in dem Kreis
der Blätter Stiele mit grünen Knospen.
Sie werden jeden Tag größer.
Bis sich eines Morgens die erste
Knospe öffnet. Der Löwenzahn hat
jetzt eine goldgelbe Blüte.

Was Du draußen nicht sehen kannst:
Auch unter der Erde ist der Löwenzahn
gewachsen. Er hat dort eine große
Wurzel bekommen. An ihr sitzen viele
kleine Wurzeln. Die Wurzeln halten
den Löwenzahn in der Erde fest. Sie
holen Wasser und Nahrung aus dem
Boden, damit der Löwenzahn wachsen
kann.

Wenn es Winter wird, sterben die
Blätter und die Blüten. Aber die
Wurzeln leben weiter!
Im nächsten Frühling bekommen sie
Blätter, Blüten und Samen.

In jeder Blüte gibt es viele tausend
Samen. Kein Wunder, daß es soviel
Löwenzahn gibt.

Der Löwenzahn hat viele Verwandte.
Die Disteln und sogar die großen
Sonnenblumen gehören dazu.